나를 더 강하게 하는 사람들, 로뱅과 조제프에게.
—A. N.

글 플로랑스 피노

프랑스에서 태어나 과학 교육과 철학을 공부하고 프리랜서 기자가 되었습니다. 2012년부터 어린이를 위한 논픽션을 써 왔습니다. 어린이들에게 세상을 이해하는 열쇠를 주는 일에 흥미를 느끼고 있습니다. 과학을 가장 좋아하며, 미래학, 생물학, 물리학은 물론, 동물의 세계에도 늘 관심을 기울입니다. 신문 〈라 트리뷴〉에 의학의 혁신과 바이오테크놀로지에 대해 기고했고, 2017년부터 잡지 〈청소년을 위한 과학과 삶〉에도 글을 연재하고 있습니다.

그림 아르노 나바슈

프랑스 일러스트레이터로, 벨기에 브뤼셀의 생 뤼크 미술 학교에서 공부했습니다. 어린이책, 언론, 광고 등 다양한 분야의 일러스트를 그리고 있습니다. 2012년부터는 루앙의 잔다르크 고등학교에서 응용 미술을 가르치고 있습니다. 2003년부터 드로잉, 사진, 일러스트레이션, 시각 예술 워크숍을 진행하고 개인전을 열었습니다.

옮김 이세진

대학교와 대학원에서 철학과 프랑스 문학을 공부했습니다. 외국어 책을 우리말로 옮기고 소개하는 일을 하고 있습니다. 옮긴 책으로 《나, 꽃으로 태어났어》《마리 퀴리》〈돌아온 꼬마 니콜라〉 시리즈 등이 있습니다.

DE LA TÊTE AUX PIEDS
Author : Florence Pinaud
Illustrator : Arnaud Nebbache
© 2022 Éditions NATHAN
92, Avenue de France 75013 Paris
Korean translation © 2022 Gimm-Young Publishers, Inc.
All rights reserved.

This edition is published by arrangement with NATHAN through KidsMind Agency, Korea.

이 책의 한국어판 저작권은 키즈마인드 에이전시를 통해 저작권자와 독점 계약한 (주)김영사에 있습니다.
저작권법에 의해 한국 내에서 보호를 받는 저작물이므로 무단 전재와 무단 복제를 금합니다.

머리부터 발끝까지 뚝딱뚝딱
인체 공학

플로랑스 피노 글 | 아르노 나바슈 그림 | 이세진 옮김

주니어김영사

들어가는 글

인간은 지구상에서 가장 튼튼하거나, 힘이 세거나, 빠른 동물은 아니지만 지구에 처음 등장한 이래로 늘 문제를 해결할 방법을 찾아냈어요.

수백 년 동안 과학자와 발명가 들은 맹수의 공격이나 갑작스러운 사고에 다치지 않도록 우리를 보호할 장비, 기술, 보조 장치를 개발해 왔어요. 부상을 입거나 병에 걸리더라도 치료할 방법을 찾아냈고요. 인간은 이제 더 빨리 걷고, 더 빨리 뛰고, 더 멀리 이동하고, 더 쉽게 소통할 수 있어요. 지금은 인터넷만 있으면 지구 반대편에 있는 사람과 얼마든지 대화를 나눌 수 있지요. 이처럼 머리부터 발끝까지 우리를 튼튼하게 보호하고, 우리의 삶을 더 편리하게 만든 아이디어나 발명품에는 어떤 것이 있을까요?

이 책에서 그런 발명품을 함께 발견해 보아요. 이미 우리 생활 속에 자리 잡은 발명품도 있고, 우리의 미래를 상상해 보게 하는 발명품도 있답니다.

신체 능력을 증진하는 발견들

학자들은 우리 몸이 어떻게 작동하는지 연구하고, 몸의 한계를 넘어서기 위한 기술을 개발하고 있어요. 우리의 몸을 치료하는 방법뿐만 아니라 더 잘 보고, 더 빨리 움직이고, 힘든 일을 덜어 낼 수 있는 방법도 발견했지요. 그렇다면 우리를 더 강하게 만든 다양한 발견들을 살펴볼까요?

현미경

1595년에 네덜란드의 안경사 자카리아스 얀센이 현미경을 처음 발명한 이래로, 과학자들은 우리 몸이 무엇으로 이루어졌는지 알게 되었어요. 바로 세포 수십억 개로 이루어졌지요. 세포는 근육, 뼈, 피부 등을 이루는 아주 작은 조각이에요.

자카리아스 얀센

페트리 접시

세균은 병을 치료하는 데 쓰이기도 해요. 생물학자들은 세균이 어떻게 자라고 번식하는지 관찰하기 위해, 뚜껑이 있는 작고 투명한 페트리 접시를 이용해요. 접시에는 세균 혹은 미생물의 먹이인 젤이나 액체를 채워 두어요.

페트리 접시

없어서는 안 되는 세포

우리 몸의 세포는 관제실, 발전소, 생산 라인을 다 갖춘 작은 공장과도 같아요. 몸이 똑바로 작동하고 회복하는 데 필요한 것을 만들어 내지요. 생명 공학자들은 인간의 세포나 미생물을 활용해, 미래에 쓸 약을 개발해요. 무서운 병으로부터 우리를 보호하는 백신도 이런 식으로 만든답니다.

배양 줄기세포
근육 세포
장 세포
혈액 세포
신경 세포
심장 세포

로봇 '디짓'

로봇

로봇은 갈수록 우리에게 중요한 존재가 되고 있어요. 일을 덜어 주고, 인명을 구하고, 몸이 불편한 사람들을 돕지요. 수많은 부품이 유기적으로 조립되어 있어, 자동으로 움직여요. 인공 지능 기술을 이용해 컴퓨터로 로봇을 조종할 수 있어요. 아주 정교하고 효율적인 프로그램을 짜서 로봇이 전문 직업인보다 일을 더 잘하는 경우도 있지요.

DNA 나선

DNA 나선

어떤 연구자들은 몸이 DNA 서열에 따라 자라나는 과정을 연구해요. 세포의 관제실 프로그램을 보면 왜 사람마다 몸이 다른지 알 수 있지요. 우리의 몸은 부모님으로부터 유전으로 물려받았어요. 질병을 유전으로 물려받아서 아픈 사람들도 있어요. 이들을 고쳐 주기 위해 연구자들은 끊임없이 노력하고 있어요. 치료비를 모으기 위한 마라톤 대회나 행사도 있고요.

나한테도 저런 능력이 있다면……

인간은 점점 더 창의적이고 똑똑하게 발전했어요. 하지만 인간보다 눈이 밝거나, 소리를 잘 듣거나, 빠르게 달리거나, 숨을 오래 참을 수 있는 동물은 얼마든지 있지요. 우리에게도 그런 능력이 있다면 얼마나 좋을까요.

개의 후각

개는 후각이 발달한 동물이에요. 인간보다 35배나 냄새를 잘 맡아요. 사고가 났을 때 개들을 앞세워 부상자를 찾는 이유도 그만큼 후각이 뛰어나기 때문이에요.

전갈의 지구력

전갈은 믿을 수 없을 정도로 억세고 튼튼한 곤충이에요. 핵폭발이 일어나도, 냉동실에서 꼬박 하루를 보내도 살아남을 수 있대요! 먹을 것이 없을 때는 먹잇감이 나타날 때까지 신진대사를 늦추어 아무것도 먹지 않고 1년까지 버틸 수도 있답니다.

치타의 빠르기

치타는 시속 110km로 달릴 수 있어요. 세계에서 100m 달리기를 가장 잘하는 육상 선수 우사인 볼트도 시속 44.72km로 달리는데, 치타에 비교하면 속도가 3분의 1 정도밖에 되지 않아요.

독수리의 눈

독수리는 지구상에서 시력이 가장 좋은 동물이에요. 하늘 높이 날면서도 먹잇감을 알아볼 수 있어요. 1km나 떨어져 있어도 거뜬히 볼 수 있어요. 독수리의 눈은 줌 렌즈처럼 작동해서 목표물을 8배나 크게 볼 수도 있답니다.

고래의 폐활량

고래는 우리처럼 폐로 숨을 쉬는 포유류이지만, 사람과는 비교도 안 될 정도로 숨을 오래 참을 수 있어요.

돌고래와 비슷하게 생긴 민부리고래는 숨 오래 참기 선수예요. 인간의 잠수 시간 세계 최고 기록은 24분인데 민부리고래는 두 시간 이상(138분)을 숨 한 번 쉬지 않고 버틸 수 있어요!

더 멀리, 더 빨리!

약 300년 전부터 인간은 타고난 능력을 뛰어넘어 더 높이, 더 깊이, 더 멀리, 더 빨리 이동할 수 있는 수단을 만들어 왔어요. 이로써 달에도 착륙하고 화성에도 탐사선을 보낼 수 있게 되었지요.

심해 잠수정

일종의 해저 로켓인 심해 잠수정은 바닷속 아주 깊은 곳까지 내려갈 수 있어요. 따라서 잠수정 위쪽과 주위에서 받는 수압을 견딜 수 있을 만큼 튼튼해야 해요. 영화 〈타이타닉〉의 감독 제임스 캐머런은 이 첨단 잠수정의 도움을 받아, 마리아나 해구에서 수심 7km 이상 바닷속까지 내려갈 수 있었지요.

최초의 심해 잠수정은 스위스의 오귀스트 피카르 교수가 발명했어요. 1948년에 자신이 만든 잠수정을 타고 다카르 먼 바닷속 수심 1380km까지 내려갔지요. 열정적인 발명가 피카르 교수는 풍선에 매단 곤돌라 기구를 타고 하늘 높이 올라가 최대 고도 기록을 세우기도 했어요. 같은 원리를 이용해 아주 무거운 기구를 풍선에 매달면 바닷속 깊은 곳까지 내려갈 수 있다는 것을 알아냈지요.

오귀스트 피카르는 에르제의 만화 〈탱탱〉에서 투르느솔(해바라기) 교수란 캐릭터를 창조하는 데 영감을 주었어요.

우주복

우주의 기온은 평균 영하 150도예요. 중력이 없기 때문에 지구에서처럼 몸을 똑바로 세울 수도 없고, 산소가 없어서 숨을 쉴 수도 없지요. 하지만 우주인들은 몸을 보호하고 산소를 공급하는 우주복을 입기 때문에 우주선 안이나 밖에서 활동할 수 있어요. 시속 2만km로 날아다니는 우주 먼지에 충격을 받지 않도록 헬멧과 우주복 상반신은 단단하게 만들어요. 소매와 바지는 팔다리를 움직일 수 있어야 하기 때문에 좀 더 유연한 재질로 만들지요. 최초의 우주복은 러시아에서 만들었어요. 1961년 4월 12일, 유리 가가린이 처음으로 우주복을 입고 우주로 떠났지요.

행글라이더

행글라이더는 하늘을 날 때 사용하는 삼각 날개예요. 조종사는 날개 아래 달린 카본(탄소로 만든 막대) 구조물을 잡고 매달려서 날아가지요. 한 미국인 엔지니어가 우주 캡슐에 사용할 정도로 내구성이 뛰어난 직물을 발명했는데, 그 직물을 이용해 1950년에 행글라이더도 개발했답니다.

내일의 우리는…

프랭키 자파타와 같은 발명가들은 날아다니는 이동수단 '플라이보드 에어'를 발명했어요. 스케이트보드처럼 생긴 이 보드를 타면 공중에 뜬 채로 휙 날아갈 수 있대요. 이 플라이보드를 실생활에서 탈 수 있는 날이 앞으로 올까요?

초고속 열차

프랑스 TGV나 우리나라 KTX와 같은 초고속 열차를 타면 아주 먼 도시까지 금방 갈 수 있어요. 전기를 엔진 동력으로 사용해 시속 300km 넘게 속도를 내면서도 눌리거나 밀리는 느낌 없이 편안하게 여행할 수 있지요.

내 얼굴이 곧 나예요!

우린 얼굴을 통해 사진 속 자신의 모습을 쉽게 알아볼 수 있어요. 긴 머리나 짧은 머리, 금발이나 흑발 등 머리 길이, 색깔이나 모양뿐만 아니라 턱 모양 혹은 이목구비에 따라 우리 생김새가 달라지거든요. 따라서 과학자들은 사람의 머리를 보호하거나 아름답게 꾸미는 도구를 다양하게 개발해 왔어요.

모자와 비니

머리통은 기온에 아주 민감해요. 햇볕이 내리쬐는 날, 두피에 직사광을 받으면 금세 머리가 아파져요. 이럴 때는 챙이 달린 모자로 머리를 보호하는 것이 좋아요. 반면, 추운 날에는 몸의 열이 머리로 많이 빠져나가요. 그래서 북유럽이나 높은 산에 사는 사람들은 체온을 유지하기 위해 머리에 눌러쓰는 비니를 즐겨 쓰지요.

가발

가발은 수백 년 전부터 써 온 미용 도구예요. 병 때문에 머리가 빠지는 사람들, 체질상 머리가 벗겨지는 사람들, 혹은 머리 모양을 바꿔 보고 싶어 하는 사람들에게 큰 도움이 되지요.

오토바이 헬멧

머리는 매우 약하고 망가지기 쉬운 신체 기관이에요. 1930년대에 미국의 한 의사는 오토바이 사고로 사망한 군인의 시신을 해부하면서, 머리가 부딪힐 때 일어난 뇌 손상이 사망 원인임을 알아냈어요. 영국 군대는 군인들의 머리를 보호하기 위해 코르크로 된 안전모를 씌웠어요. 1941년부터는 안전모 착용을 의무화했지요. 지금의 오토바이 헬멧은 스키용 고글에도 쓰이는 탄소 섬유와 특수 유리로 튼튼하게 제작하고, 충격을 막는 완충제도 들어 있답니다.

내일의 우리는…

모발 성장을 촉진하는 특수 헬멧이 등장했어요. 헬멧에 장착된 다이오드(2단자 전자 부품)로 두피에 부드럽게 레이저를 쏘면 광선이 모공을 자극해서 머리카락이 잘 돋아나요. 모발이 약하고 쉽게 빠질 때 이 헬멧을 이용하면 됩니다.

안면 인식

안면 인식은 거리의 사람이나 상점에 들어온 고객의 얼굴을 확인해 주는 기술이에요. 소프트웨어가 얼굴의 면과 특성을 분석해 마치 지문을 등록하듯 지도화해서 등록해요. 컴퓨터 시스템이나 보안 장치가 달린 문에 복잡한 비밀번호를 입력하지 않아도, 사용자 혹은 접근이 허용된 사람들의 얼굴을 인식해서 문이 자동으로 열린다면 몹시 편리하겠지요. 또 사진이나 동영상에서 특정 자세나 뒷모습밖에 보이지 않을 때, 안면 인식 기술을 통해 데이터베이스에 저장된 얼굴의 특징을 알아보고 신원을 확인할 수도 있어요.

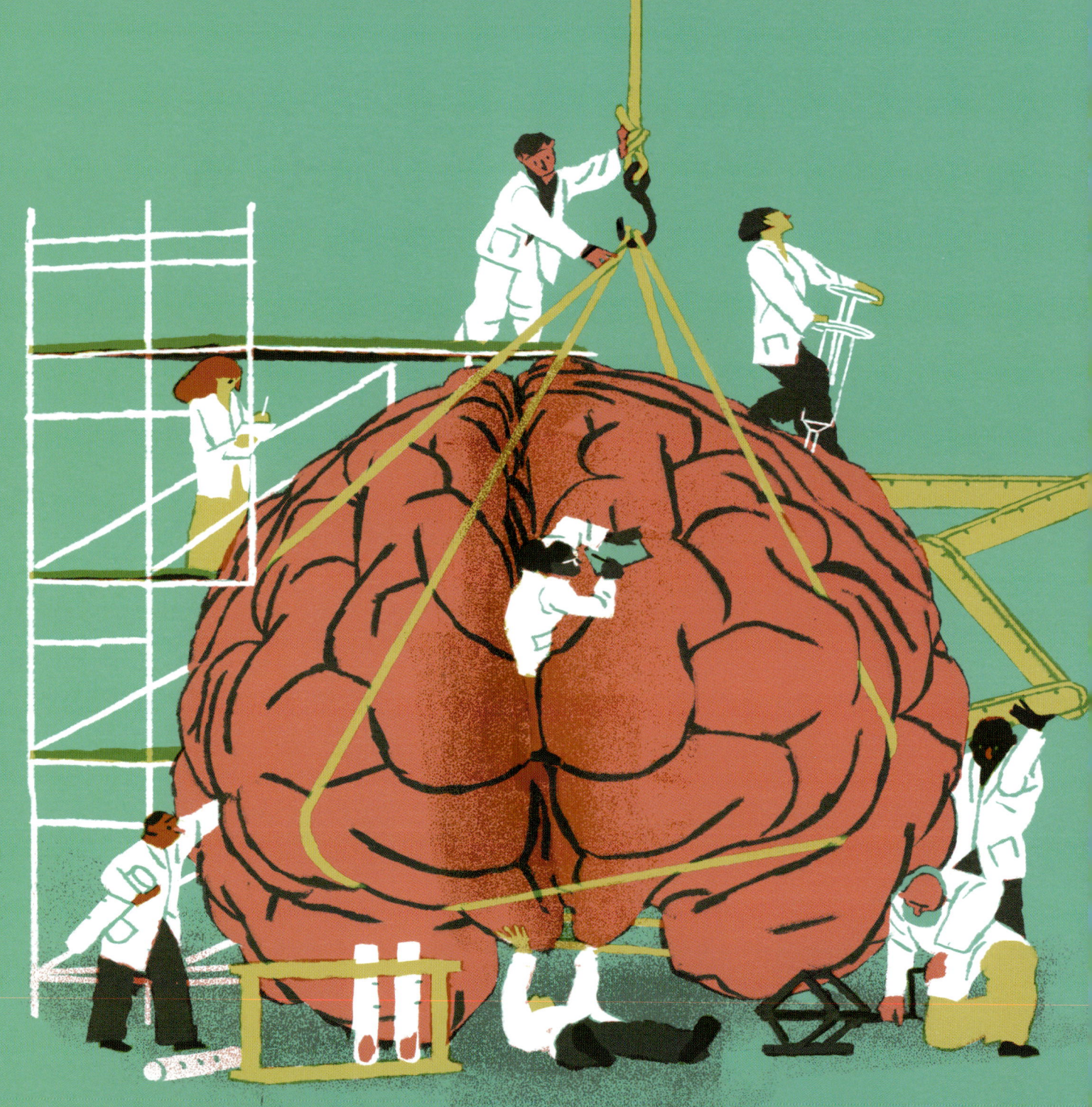

나에겐 뇌가 있어요

우리는 뇌를 통해 생각을 해요. 뇌는 수천 개의 뉴런을 연결해서 사고 회로를 만들어요. 몸을 움직이기 위해 근육을 쓸 때도 뇌가 필요해요. 에너지가 어느 한 지대에서 다른 지대로 넘어가면서 사고나 행동을 하는 것이지요. 뇌가 있어 우린 책을 읽고, 새로운 놀이를 상상하거나, 펄쩍 뛸 수도 있지요. 연구자들은 뇌라는 놀라운 '기계'를 잘 알아내고 효과적으로 활용하기 위해 열심히 노력하고 있어요.

수면 램프와 안대

피곤해지면 뇌는 수면을 취하게 해요. 잠이 안 올 때는 눈을 감고 양을 센다든가, 수면제를 먹는 등 빨리 잠들기 위한 방법을 취할 수 있어요. 최근에는 숙면에 좋은 호흡을 유도하는 램프도 있고요. 긴장이 풀리는 말과 소리를 들려줌으로써 수면을 돕는 '드림' 안대도 있답니다.

가상 현실(VR) 마스크

우리는 오감을 통해 주위의 이미지, 냄새, 소리 등을 뇌에 전달해요. 비디오 게임이나 가상 우주로 연결하는 가상 현실 헤드셋이 이제 360도 전경과 각기 다른 방향에서 들려오는 소리까지 구현하기에 이르렀어요. 디지털 팔찌가 움직임을 감지해 이미지와 소리를 그에 맞게 조정하는 식이에요. 정말 다른 세상에 들어와 있는 기분을 느낄 수 있겠지요!

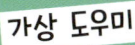

가상 도우미

인지 발달용 게임

뇌에 자극을 주거나 병을 고치기 위한 게임도 있어요. 치료 목적의 게임, 혹은 시리어스 게임(오락 외 교육이나 의료, 사회문제 해결 등을 목적으로 하는 게임)을 통해 집중력, 기억력, 이해력을 높일 수 있어요. 주의력 장애부터 알츠하이머까지 다양한 문제를 개선하는 게임들이 있답니다.

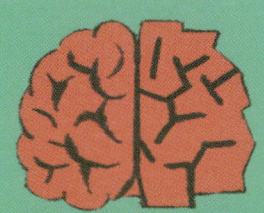

내일의 우리는…

인간의 뇌에 전극을 심어 컴퓨터와 연결하는 '뉴럴링크 프로젝트'로, 인간의 능력이 엄청나게 발전할 수 있어요. 생체 전기 형태로 신경 회로를 자극해 뇌 질환을 고칠 수도 있겠지요.

나의 시야

눈은 카메라처럼 작동해요. 물체의 모습이 눈 속 렌즈인 수정체로 모이면 이 정보를 망막이 뇌로 보내고, 뇌가 정보를 인식하지요. 인간의 눈은 색깔 대부분을 볼 수 있지만 열에서 발생하는 적외선, 태양광선의 자외선, 그리고 X선은 볼 수 없어요.

쌍안경
쌍안경은 성능이 아주 좋은 돋보기와 같아서 쌍안경으로 보면 먼 데까지 잘 볼 수 있어요. 렌즈 여러 개를 겹쳐 대상이 몇 배나 크게 보이지요. 크기를 키우다 보면 전체를 볼 순 없지만, 특정 부분이 또렷하고 선명하게 보여요.

가죽으로 만든 구식 안경(16세기)

안경
13세기경부터 중국을 비롯한 여러 문명에서 돋보기 렌즈로 안경을 만들었어요. 이탈리아 의사들은 오목 렌즈와 볼록 렌즈의 효과를 연구해 다양한 시력에 맞는 안경을 개발했어요. 렌즈의 종류나 두께에 따라 우리 망막에는 각기 다른 이미지가 맺히거든요.

컬러 센서

이 작은 전자 기기는 앞이 보이지 않거나 색을 구분하지 못하는 사람에게 색을 알려 줘요. 색이 있는 부분에 빛을 비추면 반사하는 파장의 길이로 색의 종류와 밝기를 감지해 음성으로 알려 준답니다.

내일의 우리는…

의사들은 앞을 못 보는 사람들을 위한 인공 망막을 개발했어요. 안경에 부착한 소형 카메라가 물체의 모습을 망막으로 전달하면, 인공 망막에 있는 마이크로프로세서가 시신경을 통해 뇌까지 시각 정보를 전달해요. 프랑스에서 만든 최초의 인공 망막인 '픽시움 비전'은 아직 형태를 흐릿하게 파악하는 수준이지만, 앞으로 성능이 점점 더 좋아질 거예요.

목소리를 내봐요

목소리가 나는 원리는 악기에서 소리가 나는 원리와 비슷해요. 공기를 들이마시면 성대가 울리면서 목소리가 나오지요. 후두근이 긴장했느냐 풀어졌느냐에 따라 고음이 나기도 하고 저음이 나기도 해요. 목소리가 입까지 올라오면 뺨과 혀 근육으로 소리를 분절된 언어로 만든답니다.

확성기

확성기는 깔때기를 뒤집어 놓은 것처럼 생겼는데, 소리를 한 방향으로 모아서 키우는 도구예요. 지금은 전자 확성기를 주로 써요. 마이크에 대고 말을 하면 녹음이 되는 동시에 스피커를 통해 훨씬 큰 소리가 퍼져 나가지요.

초음파

초음파는 너무 높은 고음이어서 우리 귀로 잡아낼 수 없어요. 그렇지만 박쥐는 주위 장애물에 부딪혀 돌아오는 초음파를 분석해 어둠 속에서 방향을 잡는 데 활용해요.

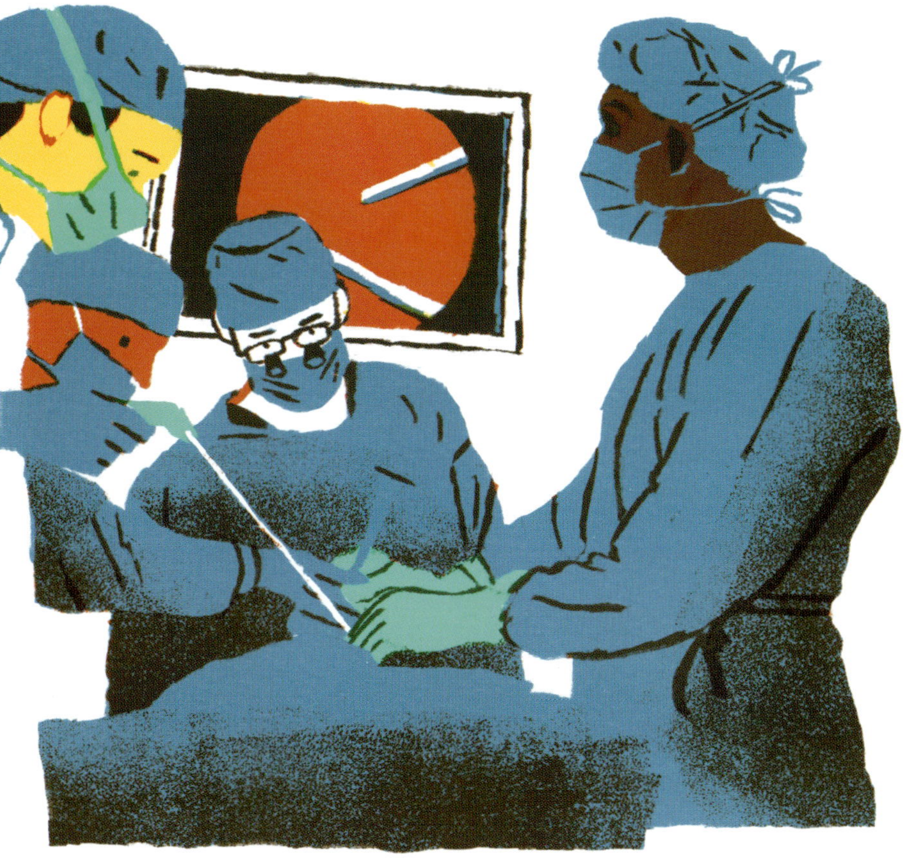

의사들은 흉터를 남기지 않고 수술을 하기 위해 초음파를 이용해요. 초음파가 메스(수술 시 사용하는 칼)를 대신한다고 할까요. 고강도 초음파 에너지를 한 곳에 모으는 '집속 초음파 치료'를 통해 피부를 손상하지 않고 뇌의 종양을 없애거나 크기를 줄일 수 있어 환자의 머리를 절개하는 수고를 덜어 주어요. 치과에서도 치석을 빨리 제거하기 위해 초음파를 이용한답니다.

언어 치료사

언어 치료사는 발음을 제대로 하기 어려워하거나 난독증에 시달리는 사람들을 도와 말과 언어 사용의 문제를 바로잡아 주는 일을 합니다. 하고 싶은 말을 정확한 발음으로 전달하는 것은 누구에게나 중요하니까요.

대화 보조 장치

외국을 여행할 때 우리말을 바로 외국어로 옮겨 주는 애플리케이션도 대화 보조 장치라고 할 수 있어요. 스마트폰에 대고 말만 하면 외국어로 번역된 말이 인공 음성으로 나오지요.

외이

알아듣고말고!

소리는 고막을 울리는 파장들로 이루어져 있어요. 이소골이라는 세 개의 작은 뼈가 타악기처럼 움직이면 진동이 증폭하고 내이(귀 가장 안쪽 부분)로 전달되어요. 여기서 작은 털 모양의 섬모가 진동의 청각 정보를 청신경에 전해서 뇌까지 도달하면, 뇌가 소리를 인식하지요.

음향 뿔피리

음향 뿔피리는 뒤집힌 확성기처럼 생겼어요. 주위 소리를 모아서 귓속까지 전달해 주는 기구로, 17세기에 처음 쓰였어요.

보청기

보청기는 소리를 잘 듣지 못하는 사람을 돕는 기구예요. 소리를 키우거나 목소리 혹은 음악 소리가 배경음보다 더 잘 들리게 하지요. 우리 주위의 소리를 분석하는 기구도 있어요. 박쥐나 들을 수 있는 초음파를 인식하고 우리 뇌에 전달할 수 있지요. 하지만 우리는 몸에서 초음파가 나오는 동물은 아니기에 초음파가 무엇을 가리키는지는 알 수 없겠지요!

코끝에서

사람은 냄새를 맡는 기관인 코를 통해 숨을 쉬어요. 공기가 콧구멍 안쪽까지 들어오면 가는 코털을 통해 냄새를 후각 신경까지 전달하고, 후각 신경이 뇌에 그 정보를 전해요. 뇌는 그 정보를 받아서 자기가 아는 냄새인지 알아보아요. 처음 접하는 냄새라면 어떤 냄새인지 잘 파악하지 못하지요.

후각 알람

프랑스 낭트에서 어떤 사람이 후각을 자극해 잠을 깨우는 알람 '센서웨이크'를 발명했어요. 시끄러운 자명종 소리 대신 카푸치노 냄새, 벚꽃이나 유자 향기를 확 퍼뜨려 잠을 깨워 준대요. 일회용 캡슐에 든 향으로 아침을 기분 좋게 시작할 수 있겠지요.

에센셜 오일과 향수

이젠 과학을 통해 향을 포착하고 농축해서 구성 성분을 파악할 수 있어요. 꽃잎이나 나뭇잎에 고온 및 고압의 수증기를 가하면 흔히 '에센스'라고 불리는 향기로운 오일을 추출할 수 있어요. 이 증류법을 통해 가열한 액체를 차게 식히면 오일 성분이 표면에 떠요. 조향사들은 이 에센스를 혼합하고 알코올에 녹여서 향수를 만들어요. 에센셜 오일은 질병 치료에 쓰이기도 해요. 기관지염을 앓을 때 숨을 편히 쉴 수 있도록 도와 주거나 두통을 가라앉게 하지요.

성형 수술

콧대가 삐뚤어졌거나 사고로 인해 모양이 망가졌다면 성형 수술로 다시 세울 수 있어요. 성형외과 의사는 뼈와 연골을 깎아서 반듯한 모양으로 코를 세워요.

데오도란트

운동을 하거나 날씨가 더워서 땀을 흘리면, 박테리아가 늘어나면서 몸에 땀 냄새가 나요. 1888년에 미국의 멈(Mum)이라는 브랜드에서는 땀 냄새를 억제하기 위해 데오도란트를 처음 선보였어요. 건강에는 천연 성분 데오도란트를 쓰는 것이 가장 좋아요.

내일의 우리는…

과학자들은 냄새를 인식할 수 있는 전자 코를 만들어 냈어요. 콧속 센서가 공기 중에 있는 분자를 분석하고 식별하지요. 전자 코는 위험한 약물이나 유해 가스를 감지하는 용도로 쓰여요. 냄새를 통해 질병이나 세균을 빨리 찾아낼 수도 있어, 의학 분야에서도 요긴하게 쓰이지요.

내 입맛에 맞게

미각은 맛을 식별하고 그 정보를 뇌에 전달해요. 음식물이 혀에 닿으면 미뢰가 맛을 포착하지요. 맛은 크게 단맛, 짠맛, 신맛, 쓴맛 네 가지가 있는데, 1908년에 일본의 학자가 다섯 번째 맛(일본어로는 우마미, 우리말로는 '감칠맛')을 발견했어요. 감칠맛은 아스파라거스, 블루치즈, 생햄, 피자 등 여러 음식물에서 느낄 수 있고, 모유의 맛과 흡사하다고 해요. 또 떫은맛(풋사과), 매운맛(고추), 느끼한 맛, 은은한 단맛(감초)처럼 좀 더 미묘하고 섬세한 맛도 포착할 수 있어요.

운동선수나 우주인의 식단

운동선수들의 식단은 소화가 잘 되고, 지방은 줄이며 근육 발달에 필요한 단백질, 에너지를 끌어내는 곡물을 중심으로 짜고 있어요. 프랑스 운동선수는 올리브 오일로 맛을 낸 닭고기나 송아지고기, 생선 등을 많이 먹어요. 후식으로는 과자 대신 과일을 주로 먹지요.

우주에서는 혈액이 혀에 잘 돌지 않기 때문에 지구에서처럼 맛을 잘 느낄 수 없어요. 게다가 코도 늘 살짝 막혀 있는 상태이지요. 우주인도 식사를 웬만큼 즐길 수 있어야 하니 다소 간이 세고 양념이 진한 음식 위주로 식단을 구성한답니다.

인공 감미료

설탕은 빠르게 에너지를 보충하고 기분 좋은 달콤함을 선사해요. 그렇지만 이 에너지는 그리 오래가지 않고, 충분히 몸을 쓰거나 운동을 하지 않으면 설탕의 칼로리는 지방으로 바뀌어서 몸에 쌓여요. 화학자들은 혈당 관리가 필요한 사람들을 위한 인공 감미료를 발명했어요. 설탕처럼 미뢰를 자극하지만, 몸속으로 흡수되지 않고 에너지를 공급하지도 않는 성분을 쓰지요.

식용 곤충

아직은 엄청 인기 있는 식품이 아니지만……. 어쨌든 곤충은 단백질이 풍부하답니다. 곤충을 식량으로 활용하면 동물성 지방을 많이 섭취하지 않으면서도 균형 잡힌 영양을 취할 수 있어요.

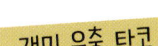

메뚜기를 곁들인 그릴토스트

개미 유충 타코

내일의 우리는…

'노리마키 신시사이저'는 다섯 가지 기본 맛을 조합하여 어떤 맛이든 낼 수 있는 맛 합성 전자 사탕이에요. 이 기기에는 단맛, 짠맛, 신맛, 쓴맛, 감칠맛에 해당하는 다섯 가지 젤이 들어 있어요. 미세한 전류로 이 맛들을 조합해서 특정 음식의 맛을 재현하지요. 이 사탕을 빨면 치즈 퐁뒤나 초콜릿 케익, 바닐라 무스와 같은 맛을 느끼면서도 칼로리는 전혀 섭취하지 않을 수 있어요!

맛 합성 기기

단맛   신맛   쓴맛   짠맛   감칠맛

아야, 아파!

몸에 문제가 생기거나 부상을 입으면 통증이 일어나면서 뇌에 신호를 보내요. 우리 몸은 통증에 대체로 민감해서 극심한 통증을 느낄 때 스스로를 보호하고 돌보는 방향으로 몸이 반응하거든요. 가령 가시덤불을 뽑다가 가시에 찔리면 통증 때문에 자기도 모르게 바로 손을 떼지요.

약

제약 회사에서 통증을 덜어 주는 약을 만들었어요. 아세트아미노펜(타이레놀)을 주성분으로 하는 진통제, 아스피린이나 이부프로펜 같은 소염제는 상처를 입거나 병에 걸렸을 때 몸에서 나오는 화학 물질을 막아 통증을 줄여 주지요. 그래서 이런 약을 먹으면 덜 아프답니다.

최면

최면은 환자가 깨어 있는 상태와 수면 상태 중간에 있어 본인의 병이나 아픔이 아닌 다른 것에 주의를 돌리는 기법이에요. 그러면 몸이 보내는 통증 신호에 뇌가 다소 둔감해지지요. 의사들은 가벼운 수술을 할 때 마취 대신 최면을 이용하기도 해요.

전신 마취

외과 수술 중에 전신 마취를 하면 환자가 고통을 느끼지 않아요. 환자의 의식이나 몸의 감각이 일시적으로 멈추거든요. 마취는 수술을 하는 동안 주사나 호흡기를 통해 약물을 투여하는 식으로 해요. 신체 일부만 마취를 할 수도 있는데, 그렇게 하면 특정 부위의 감각이 사라지지만 환자의 의식은 계속 깨어 있어요.

내일의 우리는…

아일랜드 기업 '메인스테이'는 만성 요통을 완화하는 체내 이식 장치를 개발했어요. 이 '허리 페이스 메이커'는 리모컨으로 근육을 수축하는 신경을 전기로 자극해 척추를 안정시키지요. 20분씩 하루에 두 번 이 장치를 사용하면 허리 통증이 크게 줄어든다고 해요.

허파가 꽉 차도록

생명이 살아 숨 쉬기 위해선 산소가 꼭 필요해요. 숨을 들이쉴 때 공기는 폐로 들어와 산소와 이산화탄소를 교환하는 구역에 들어서요. 이때 몸은 산소를 흡수하고, 혈액 속으로 들어온 산소는 적혈구를 감싸 혈관을 타고 우리 몸 구석구석 필요한 곳에 도달해요. 숨을 내뱉을 때 우리 몸에 쓰레기처럼 널려 있던 이산화탄소는 몸 밖으로 나가지요.

잠수용 산소통

물속에서 숨을 참고 버티기 힘들 정도로 오랜 시간을 보낼 때는 감압 밸브가 달린 산소통이 필요해요. 이 안에는 고압 가스와 액체 산소 혼합물이 들어 있어요. 감압 밸브를 열어 압축된 공기가 풀려나면 이 혼합물이 기체 형태로 바뀌면서, 우리가 으레 숨 쉴 수 있는 상태의 공기가 되지요.

내일의 우리는…

때로는 혈액에 산소를 얼마나 공급하느냐에 따라 우리 목숨이 좌우되기도 해요. 프랑스 생물학자들은 혈액 속 산소가 인간보다 40배나 더 풍부한 바다 지렁이에게 영감을 얻어 치료법을 개발했어요. 바다 지렁이의 특수한 혈액을 이용해 코로나바이러스-19 환자들의 증상이 심각해지지 않도록 산소를 혈액에 공급하는 치료를 개발했지요.

방역 마스크

의사는 자기가 수술하는 환자에게 세균이 옮지 않도록 마스크를 착용해 날숨에 나오는 박테리아와 바이러스를 걸러요. 코로나바이러스감염증-19 팬데믹 기간에도 마스크를 통해 감염을 예방할 수 있었지요. 모두 마스크를 써서 자기가 내쉬는 공기를 걸러 배출했기 때문에 병원균이 덜 퍼질 수 있었어요.

방독면

전쟁에서 적군은 때때로 군인을 죽이거나 병들게 하는 유독 가스를 살포해요. 과학자들은 군인을 보호하기 위해 유독 가스나 심하게 오염된 공기를 거르는 마스크를 개발했지요.

오, 내 심장!

심장은 서로 달라붙은 작은 펌프 두 개와 같아요. 한쪽 펌프는 폐에서 산소가 풍부한 피를 받아 동맥을 거쳐 신체 곳곳에 보내요. 다른 쪽 펌프는 산소가 다 빠지고 이산화탄소가 많은 피를 빨아들여요. 그러고는 그 피를 다시 폐로 보내서 이산화탄소를 버리고 산소를 충전해요. 이렇게 심장에서 끊임없이 피가 도는 덕분에 우리가 살아갈 수 있지요.

트레드밀

트레드밀을 타면 집 밖에 나가지 않고도 달리기를 할 수 있어요. 다리뿐만 아니라 심장도 튼튼해지지요. 1950년대에 미국 심장 내과 의사 로버트 브루스가 트레드밀을 처음 개발했어요. 당시 병원에선 환자들의 심장 박동을 관찰하는 용도로 썼고, 환자 상태에 따라 벨트 회전 속도와 바닥 기울기를 조절했지요.

스마트 워치

스마트 워치는 착용자의 신체 활동과 심장 박동을 추적해요. 매일 만 보를 걷고 주 3회 운동을 하면 튼튼한 심장을 가질 수 있다고 해요.

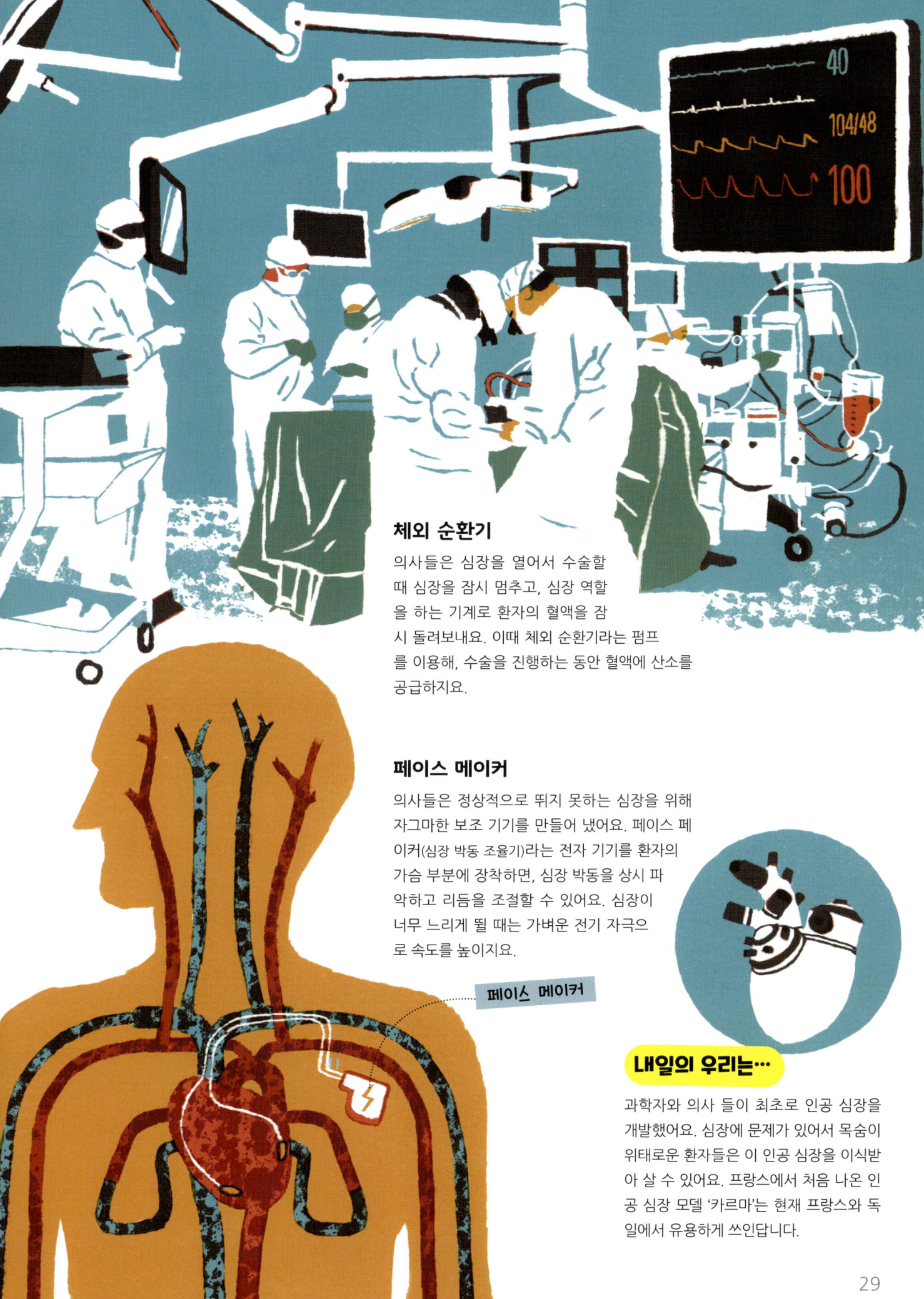

체외 순환기

의사들은 심장을 열어서 수술할 때 심장을 잠시 멈추고, 심장 역할을 하는 기계로 환자의 혈액을 잠시 돌려보내요. 이때 체외 순환기라는 펌프를 이용해, 수술을 진행하는 동안 혈액에 산소를 공급하지요.

페이스 메이커

의사들은 정상적으로 뛰지 못하는 심장을 위해 자그마한 보조 기기를 만들어 냈어요. 페이스 페이커(심장 박동 조율기)라는 전자 기기를 환자의 가슴 부분에 장착하면, 심장 박동을 상시 파악하고 리듬을 조절할 수 있어요. 심장이 너무 느리게 뛸 때는 가벼운 전기 자극으로 속도를 높이지요.

페이스 메이커

내일의 우리는…

과학자와 의사 들이 최초로 인공 심장을 개발했어요. 심장에 문제가 있어서 목숨이 위태로운 환자들은 이 인공 심장을 이식받아 살 수 있어요. 프랑스에서 처음 나온 인공 심장 모델 '카르마'는 현재 프랑스와 독일에서 유용하게 쓰인답니다.

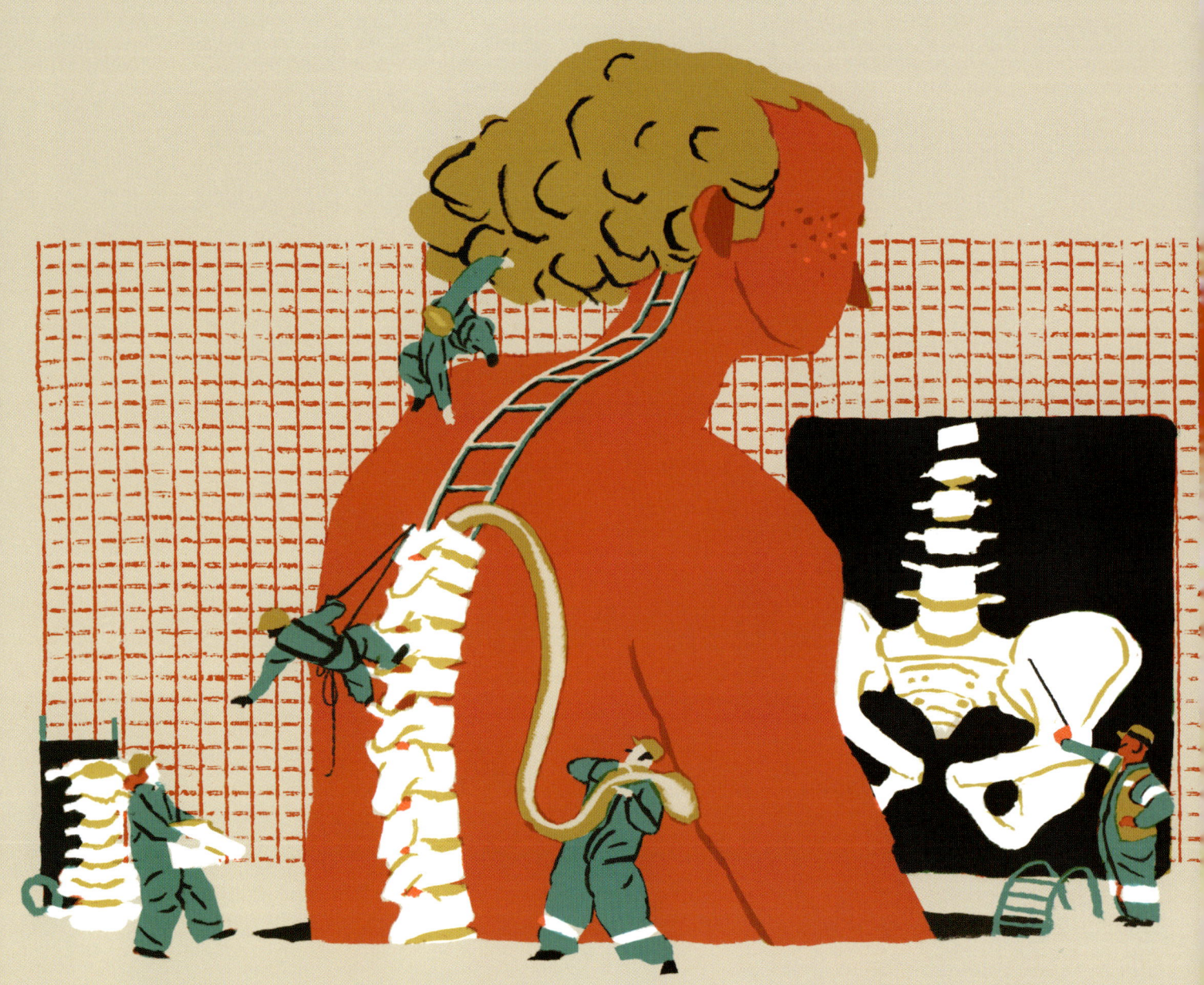

내 척추를 따라

척추는 척추골과 그 사이를 연결하는 척수, 그리고 척수를 보호하는 척추뼈 전체를 일컬어요. 척수는 뇌와 신체 각 부분을 연결하는 신경들로 이루어져 있어요. 만약 척수가 손상되면 머리에서 다리로 정보가 가지 못하기 때문에, 자기 발로 걸을 수가 없고 휠체어를 타야 해요.

외골격 슈트

외골격 슈트는 로봇처럼 유기적으로 연결한 단단한 부품들로 이루어져 있어요. 그리고 배낭이 달린 작업복처럼 생겨서 입거나 벗을 수 있어요. 신체가 마비된 사람들이 이 슈트를 착용하면 그 안에 장착한 모터 덕분에 스스로 설 수도 있고 걷거나 뛸 수 있어요.

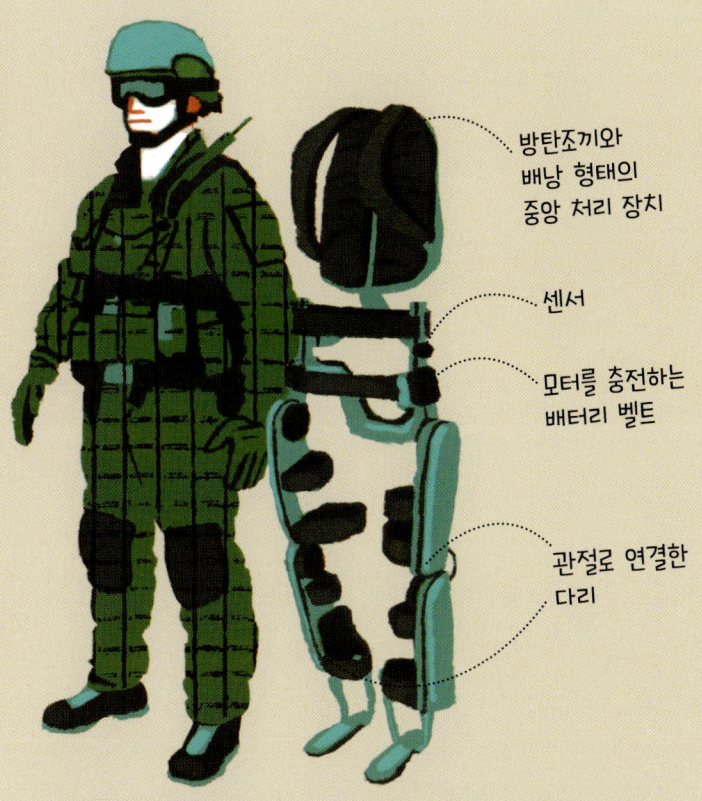

- 방탄조끼와 배낭 형태의 중앙 처리 장치
- 센서
- 모터를 충전하는 배터리 벨트
- 관절로 연결한 다리

군수 산업 쪽에서도 군인들의 신체를 보호하고 이동을 돕는 외골격 슈트를 개발하고 있어요. 이 슈트를 착용하면 총탄에 맞아도 다치지 않고, 맨몸일 때보다 몇 배 더 강하고 빠르게 움직일 수 있지요. 힘이 많이 드는 작업을 하는 공장이나 건설 현장에서도 외골격 슈트를 쓴답니다.

로봇형 벨트

일본의 한 발명가가 적은 힘으로도 무거운 물체를 들 수 있는 벨트를 개발했어요. 이 벨트는 우리가 몸을 움직이는 동안 근육에 오는 신호를 포착해, 물체를 들 때 힘을 더 보태 줘요. 건강한 성인 남성의 경우 55kg까지 들 수 있는데, 의사의 동의하에 벨트를 매면 100kg까지도 들어요. 일반적으로 들 수 있는 무게 두 배를 거뜬히 드는 것이지요!

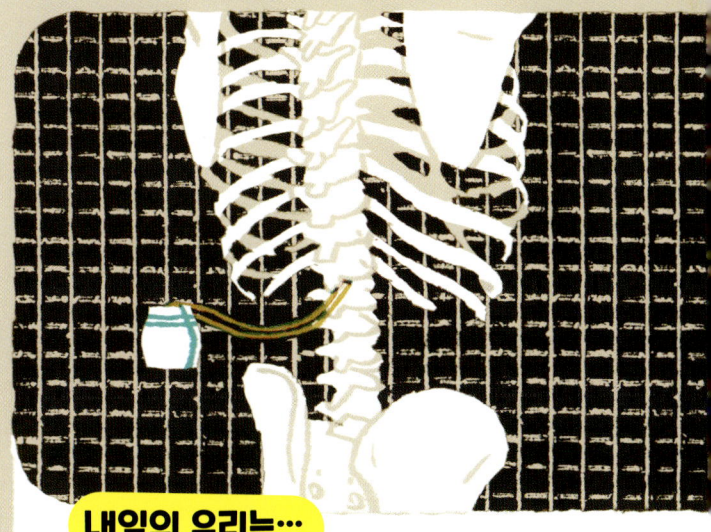

내일의 우리는…

뇌가 신호를 보내 신경을 자극하듯이 아주 약한 전기로 근육을 자극할 수 있어요. 의사들은 신체 마비 환자들도 걸을 수 있는 방법을 찾기 시작했지요. 척수에 전극을 부착하여 손상된 '길'을 대신해, 다리 근육에 자극을 주는 방법이에요. 이러한 전자 척추 보조 장치는 환자들에게 큰 희망이 될 거예요.

팔
끝까지

팔은 인간과 다른 동물의 차이를 보여 주는 신체 부위예요. 인간은 팔을 능숙하게 사용할 수 있는 덕에 복잡한 구조의 기계나 건물을 만들어 내고, 많은 것을 움직이거나 서로 손을 흔들어 인사를 나눌 수도 있지요.

2018년, 프리실 드보라는 프랑스 최초로 '바이오닉 여성'이 되었습니다. 생각만으로 조종이 가능한 전자 의수로 자신의 잃어버린 오른팔을 대신했지요. 이 놀라운 기술 덕분에 드보라는 별도의 조작 없이도 여섯 가지 팔 동작을 할 수 있답니다.

생체 공학 인공 기관

질병이나 사고로 팔을 잃은 환자들이 팔을 대체할 수 있는 장치가 있어요. 21세기 인공 기관에는 컴퓨터가 내장되어 있어 뇌에서 오는 신경 자극을 감지하고, 모터를 작동해 뇌가 지시하는 동작을 실행해요. 영국 청년 제임스 영이 '메탈 기어' 게임 미술팀에서 영감을 받아 디자인한 의수 같은 굉장히 멋있는 인공 기관들도 있답니다.

그라비팩 배낭

모로코의 한 발명가가 어깨에 진 짐의 무게를 골반으로 옮기는 배낭을 개발했어요. 무게를 아래로 분산하면 승모근과 팔에 무리가 가지 않아요. 그래서 배낭에 들어가는 물건의 무게가 10분의 1로 가볍게 느껴지지요. 키다보르사에서는 이미 이 가방을 학생들을 위한 책가방 형태의 상품으로 내놓았지요.

레고로 만든 보조기

태어날 때부터 한쪽 팔이 없던 스페인의 다비드 아귈라르는 열 살 때 레고 블록으로 한쪽 팔을 대신할 의수를 손수 만들었어요. 이후 레고사의 기술 지원을 받아 더 견고하고 멋있는 의수로 개선해 왔지요. 아귈라르는 공학을 공부하면서 더 새롭고 정교한 의수를 만들겠다는 꿈을 꾸고 있어요.

내일의 우리는…

일본의 연구자들은 두 팔이 다 있는 사람도 사용할 수 있는 세 번째 로봇 팔을 개발했어요. 헬멧 형태로 뇌와 연결해 생각만으로도 조종할 수 있고, 두 팔을 쓰는 동안에도 사용할 수 있어요. 영화 〈로보캅〉이 생각나지 않나요?

손은 두 개, 손가락은 열 개

팔 끝에 달린 손은 극도로 민감한 센서이자 정확성이 뛰어난 도구예요. 인간은 손가락으로 아주 섬세한 동작을 할 수 있다는 점에서 다른 동물들과 확연히 구별됩니다. 하지만 우리의 손은 연약하니까 작업을 할 때 다치지 않도록 잘 보호해야 해요.

안전 장갑

중세 시대부터 사람들은 일을 하면서 화상을 입거나 다치지 않도록 장갑을 껴 왔어요. 맹금류를 키우는 사람들 혹은 갈대로 광주리를 엮는 사람들은 가죽으로 만든 두꺼운 장갑을 꼈지요. 장갑은 높은 온도나 해로운 화학 성분으로부터 손을 보호하는 것은 물론, 날카로운 면에 닿거나 물리적인 충격을 입었을 때 다치지 않도록 지켜 줘요. 지금은 '케블라' 같은 폴리아마이드 섬유나 폴리에틸렌 섬유로 차단 효과나 내구성이 뛰어난 장갑도 만들 수 있어요.

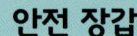

수술 로봇

수술을 할 때 어떤 동작은 굉장히 섬세하고 정확해야 하기 때문에, 센서와 카메라를 갖춘 로봇에게 맡기기도 해요. 물론 의사가 화면에서 눈을 떼지 않고 계속 그 로봇을 조종하지만요. 프랑스 수술 로봇 '로자 원'은 척추 수술처럼 매우 위험한 작업을 사람보다 정교하게 수행하지요.

인공 의수

이 보조기의 마이크로컴퓨터는 팔 상완의 소근육들과 연결되어 있어요. 손이 절단된 사람도 뇌에서 보낸 지시를 마이크로컴퓨터로 처리해 손가락을 움직이고 물체를 들어 올리는 등의 동작을 할 수 있어요. 태어날 때부터 왼손이 없던 옥상드르라는 소년은 2019년 봄, 프랑스 최초로 이 인공 의수를 갖게 되었어요. 그의 손 '히어로 암(영웅 팔)'은 부품 413개를 정교하게 조합해서 만들었지요.

내일의 우리는…

전 세계 과학자들은 촉감이 생생한 인공 피부를 개발하는 데 힘쓰고 있어요. 미세한 센서로 가득한 합성 전자 피부를 전자 의수에 도입한다면, 진짜 손처럼 손바닥과 손가락의 촉감이 생생하겠지요. 로봇도 인공 피부를 장착한다면 주위 환경을 더 정확하게 감지하고 정교하게 작동할 수 있을 테고요.

다리로 힘껏

우리는 길고 근육이 잡힌 다리가 있어 자유롭게 돌아다닐 수 있어요. 성인 남성의 경우, 다리 길이가 키의 절반 가까이 되어요. 성인 걸음으로 이동할 때 평균 속도는 1초에 1km, 시속 3.6km 정도예요.

전기 자전거

1895년 미국의 오그던 볼턴 2세는 오르막길에서 자전거 페달을 밟는 수고를 덜기 위해 전기 자전거를 발명했어요. 당시에는 자전거 뒷바퀴에 모터를 달았는데, 지금은 모터가 훨씬 가벼워졌고 전기 자전거를 타는 사람도 많아졌지요.

오그던 볼턴 2세가 만든 전기 자전거

죽마

1710년경 랑드 지방의 목동들은 양 떼를 멀리서 지켜보기 위해 길이가 90cm에서 120cm 정도 되는 죽마를 사용했어요. 지금도 곡예나 각종 공연에서 죽마를 타요. 죽마를 처음 타는 사람은 30cm 정도에서 시작하지만 능숙한 곡예사는 3m도 탈 수 있답니다.

생체 로봇 바지

하버드대 연구진은 피로감 없이 빨리 걷고 뛸 수 있도록 로봇 바지를 개발했어요. 초경량 뼈대처럼 디자인한 이 바지는 허리에 고정할 수 있고 무게는 5kg쯤 나가요. 모터와 연결한 케이블이 다리의 움직임을 보조하지요.

내일의 우리는…

미군에선 로봇 전투복을 개발하는 데 힘을 쏟고 있어요. '아이언맨'처럼 총탄에도 끄떡없고 저절로 움직일 수 있는 갑옷이지요. 그렇지만 꽤 어려운 일이기 때문에 아이언맨 슈트가 나오려면 오래 기다려야 할 거예요. 지금은 로봇 전투복 연구를 바탕으로 산을 오를 수 있는 로봇 다리를 개발하는 중이에요.

나의 두 발

우리는 두 발로 몸무게를 지탱하고 근육과 발가락 힘으로 균형을 잡아, 넘어지지 않고 서 있을 수 있어요. 프랑스에 '발처럼 미련하다'라는 관용어가 있는 걸 보면, 발은 우리가 과소평가하는 신체 부위 중 하나예요. 하지만 우리에게 꼭 필요한 부위인 발을 어떻게 하면 더 잘 움직일 수 있을까요?

전동 킥보드

바퀴 두 개가 달린 전동 킥보드를 타면 가만히 선 채로 빠르게 이동할 수 있어요. 센서에서 운전자의 발을 분석해 운전자에게 설정을 맞추는 식으로 작동해요. 운전자는 킥보드의 속도와 상관없이, 달리던 킥보드가 멈출 때도 균형을 잡을 수 있지요. 앞으로 갈 때는 상체를 앞으로 기울여 속도를 늦추고, 멈출 때는 상체를 뒤로 빼면 되어요. 전동 킥보드는 1951년에 처음 등장했고, 지금 나오는 킥보드는 시속 20km로 달릴 수 있어요.

스마트 신발

노인이나 몸이 불편한 사람이 넘어져서 자기 힘으로 일어나지 못할 경우, 스마트 신발은 자동으로 가족이나 응급 구조대에 메시지를 보내요. 또한 낙상 사고가 일어난 지점을 GPS로 정확하게 알려 주니 얼마나 요긴한지 몰라요!

내일의 우리는…

미래에는 운동화가 우리 발에 더욱 딱 맞을 거예요. 각자 발 모양에 맞게 3D 프린팅으로 운동화를 제작하고, 운동화 끈도 자동으로 묶었다 풀었다 할 수 있을 테지요. 그리고 운동화에 센서가 있어서 어떤 활동을 하느냐에 따라 발에 가하는 압력을 자동으로 조절할 거고요.

발자국

어떤 문제는 개인 맞춤형 깔창으로 해결할 수 있어요. 발 전문 치료사는 발의 어떤 부분에 몸무게가 실리는지 분석하고, 무게 중심을 바로잡는 방향으로 깔창을 맞춰 주지요.

내 피부에 좋게

피부는 우리 몸을 머리부터 발끝까지 감싸고 있어요. 피부를 전부 펼쳐 놓으면 면적이 2㎡ 정도 되어요. 피부는 몸을 에워싸 외부로부터 근육과 장기를 보호하지요. 부드러운 손길이나 목욕물 온도를 느낄 수 있는 것도 피부 덕분이에요. 고운 피부든 거친 피부든, 창백한 피부든 가무잡잡한 피부든, 모든 피부는 섬세하면서도 강인하답니다.

친환경 선크림

피부는 햇빛을 오래 쬐면 색이 변하면서 해로운 광선으로부터 피부를 보호해요. 하지만 햇빛에 너무 오래 노출되면 어쩔 수 없이 화상을 입지요. 생물학자들은 유해 광선을 차단하고 화상을 예방할 수 있는 선크림을 개발했어요. 친환경 선크림을 쓰면 바다에서 해수욕을 즐길 때 화학 성분을 바다에 배출하지 않기 때문에 지구에도 더 좋답니다.

인공 피부

2019년부터 과학자들은 진짜 피부와 모든 면에서 흡사한 생물학적 피부를 프린팅하고 배양하고 있어요. 우선 3D 프린터로 피부 조각을 만들어 내고 식물을 기르듯이 키우는데, 대략 3주면 피부는 다 자란다고 해요. 인공 피부는 중증 화상 환자의 상처를 아물게 하거나 피부 이식 수술을 할 때 쓰입니다.

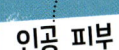

인공 피부

잠수복

피부는 바닷속 깊이 들어갈 때 바닷물과 추위를 막아 주기도 해요. 1953년 마르세유의 한 잠수부가 최초로 방한 잠수복을 개발했어요. 고무로 만들어 몸에 딱 붙지만, 물이 약간 새어 들어와 피부에 닿으면서 체온 때문에 금세 따뜻해져요. 물이 너무 찰 때는, 방수가 완벽하게 되고 두건과 장갑까지 딸린 잠수복을 입어요. 하지만 이 잠수복은 활동이 좀 불편하다는 단점이 있지요.

내일의 우리는…

미군은 총탄도 뚫을 수 없는 신형 플라스틱(초고분자량 폴리에틸렌) 전투용 헬멧과 군복을 개발했어요. 이 신물질은 강철보다 14배나 튼튼하면서 무게는 8배나 가벼워요. 특수 군대에게는 그야말로 마법의 피부와도 같겠지요.

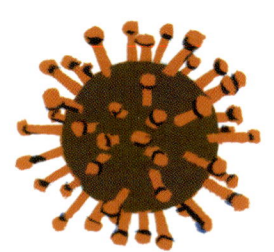 바이러스 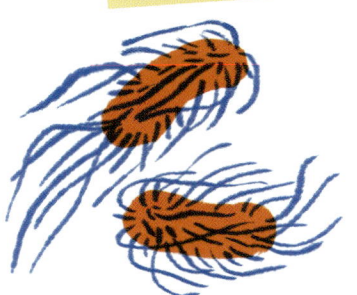 박테리아 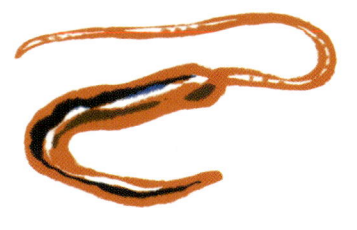 기생충  균류

미생물이 우글우글

우리의 입, 배, 피부 속에는 미생물이 많이 살고 있어요. 대부분의 미생물은 그리 해롭지 않고 소화에 도움이 되기도 해요. 과학자들은 위험한 미생물을 없애는 방법은 물론 유익한 미생물로 사람을 치료하는 방법도 연구하고 있어요.

미생물총

장에 사는 미생물은 모여서 '장내세균' 혹은 '미생물총'을 구성해요. 사람마다 고유한 장내세균이 있다는 것은 널리 알려진 사실이에요. 우리 건강에는 유익한 세균도 따로 있어요.

살이 빠지는 박테리아

어떤 박테리아는 날씬하고 건강한 사람의 장에 많은 반면, 병이 있거나 과체중인 사람의 장에서는 찾아보기 힘든 종이 있어요. 아커만시아 무니시팔라가 바로 그런 박테리아예요. 의사들은 비만인 사람의 장에 이 박테리아를 주입하면 살이 빠진다는 사실을 확인했어요.

루이 파스퇴르

백조목 플라스크

알렉산더 플레밍

페니실린

백신

19세기 말 루이 파스퇴르는 다른 영국인 의사의 발견에 영감을 받아 최초의 백신을 개발했어요. 병을 일으키지 못할 정도로 약한 세균을 환자에게 주입하면 면역계가 그 균에 맞서 싸울 수 있는 항체를 만들어 내는데, 이것이 바로 백신의 원리예요. 나중에 진짜 병균이 우리 몸에 들어오더라도 백혈구가 그 병균을 물리쳐 병에 걸리지 않도록 해요.

항생제

항생제는 감염을 일으키거나 병을 유발하는 박테리아를 죽여요. 1928년 영국 의사 알렉산더 플레밍이 최초로 항생제를 개발했어요. 포도상 구균을 관찰하던 중 배양 접시 안에 곰팡이가 자라자 세균이 점점 줄어드는 현상을 발견했지요. 이후 균을 죽이는 이 곰팡이를 연구해 페니실린이라는 이름을 붙였어요.

암세포

면역 요법

악성 종양인 암은 몸속 세포에 이상이 생기면서 발생해요. 정상적인 상태라면 면역 체계인 백혈구가 그 세포를 파괴할 수 있어야 하는데, 어떤 세포가 정상 세포인 것처럼 위장을 해서 암을 일으키는 것이지요. 의사들은 백혈구가 암 세포에게 속지 않도록 다시 교육하는 법을 개발했어요. 이 치료를 면역 요법이라고 해요.

인터넷과 소셜 네트워크

1972년 미국의 정보 공학자들은 미국 대학 컴퓨터들을 연결하는 시스템을 개발해 인터넷을 만들었어요. 이로써 전 세계 어디서든 쉽게 소통하고 자신의 생각을 널리 알릴 수 있게 되었지요. 2004년에는 최초의 소셜 네트워크인 페이스북이 등장하며 모든 가입자가 자유롭게 소통할 수 있는 환경을 마련했어요. 2006년에는 트위터를 비롯해 다양한 유형의 소셜 네트워크 서비스가 세계 곳곳에 등장했지요.

원격 통신

우리는 더불어 살고 배우기 위해 서로 소통해야 해요. 공학자들은 멀리 떨어져 있어도 움직이지 않고 소통할 수 있는 도구들을 만들어 냈어요. 스마트폰, 태블릿, 컴퓨터는 사람들이 서로 연결될 수 있게끔 도와 주지요. 덕분에 지구 반대편에 있는 사람과 연락을 주고받고, 인터넷으로 장도 보고, 재택 근무도 하고, 병원에 가지 않고도 의사의 진료를 받을 수 있어요.

비대면 원격 진료

웹 카메라와 센서가 널리 쓰이기 시작하면서 멀리 있는 의사한테도 실시간으로 진료를 받을 수 있어요. 2016년, 프랑스 기업 H4D는 스크린을 갖춘 원격 진료실을 설치하기도 했어요. 프랑스에선 의사가 많지 않은 소도시의 약국에 원격 진료실을 마련했지요.

위성 위치 추적

옛날에는 지도나 밤하늘의 별을 보면서 방향을 잡았어요. 지금은 스마트폰으로 쉽게 길을 찾을 수 있지요. 1970년대에 미국에선 인공위성으로 위치를 추적하는 방법을 개발했어요. 1995년부터 GPS 형태로 널리 쓰이고 있어요. GPS는 가장 접근하기 쉬운 인공위성 두 개에 신호를 보내 현재 위치를 정확하게 추적하는 위치 추적 시스템이에요.

로봇 페퍼

반려 로봇은 인간의 모습으로 친근한 형태를 한 기계예요. 가장 잘 알려진 로봇으로 일본 기업에서 2015년 6월에 상용화한 '페퍼'가 있어요. 페퍼는 프로그램을 통해 가정 내 구성원의 얼굴을 인식하고, 간단한 질문들에 대답도 할 수 있어요. 집 안 기기들을 작동하고, 태블릿 게임도 제안하는 등 혼자 사는 사람들에게 로봇 반려자의 역할을 하기도 하지요.

마이크
카메라

내일의 우리는…

연구자들은 환자 아바타 프로그램을 개발 중이에요. 아바타를 통해 통해 환자와 관련된 모든 의학 데이터를 수집하고, 다양한 약의 효과를 컴퓨터로 시뮬레이션 하는 프로그램이지요. 약이 실제로 환자에게 잘 들을지, 부작용이 생길지 등을 미리 검증할 수 있어요.

아기를 위해서라면 뭐든지

남성과 여성이 사랑을 나누는 시기가 잘 맞는다면 남성의 정자와 여성의 난자가 결합해 여성의 배 속에서 미세한 알이 탄생해요. 임신 기간 동안 이 알은 배아가 되고, 태아가 되었다가, 어엿한 아기가 되어 세상에 태어납니다. 부모님과 의사 들은 기발한 도구와 장비를 동원해 태아가 임신 초기에 안정적으로 자리를 잡을 수 있게 최선을 다하지요.

인큐베이터

의사들은 엄마 배 속에서 너무 빨리 나온 아기, 즉 '미숙아'를 살리기 위해 특수한 요람인 인큐베이터를 만들어 냈어요. 아기에게 적절한 온도와 습도를 조성하는 무균 상자라고나 할까요. 폐가 아직 자라지 않은 아기는 이 안에서 호흡 보조 장치를 달고 소화 가능한 음식물을 공급받아요. 너무 일찍 나온 태아는 다른 아기들만큼 자랄 때까지 이 안에서 시간을 보내지요.

아기 모니터링

낮이나 밤에 아기를 재울 때, '나니'나 '쿠보'와 같은 다양한 유형의 모니터를 쓰기도 해요. 잠자는 아기의 영상을 촬영해 아기의 숨소리나 움직임을 관찰하고, 문제가 발생하거나 위험한 일이 생겼을 때 부모에게 바로 알려 주지요. 아기의 심장 박동수와 혈중 산소 포화도를 상시 기록해 주는 아기 양말도 있답니다.

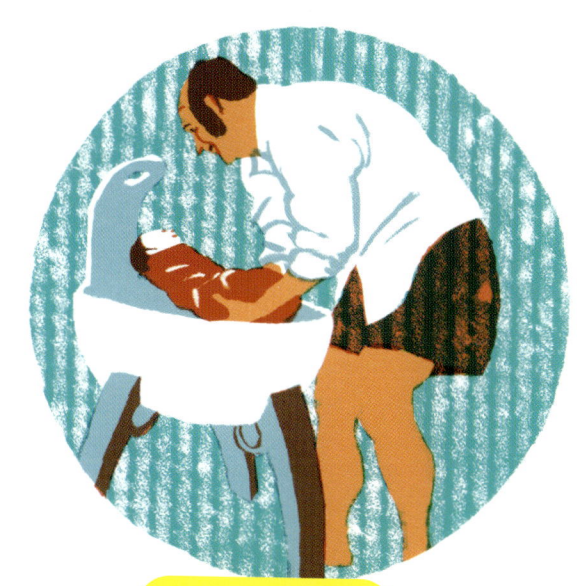

내일의 우리는…

공학자들은 아기의 수면을 도와 부모의 수고를 덜어 주는 스마트 요람을 개발하고 있어요. 아기가 울면 스마트 요람은 부드러운 진동으로 아기를 어르고, 기분 좋은 소리를 내서 아기를 진정하지요. 이 요람을 이용하면 부모는 아기가 잘 자고 있는지 다른 방에서도 확인할 수 있어요.

시험관 아기

어떤 부모는 생식 기관에 이상이 있어서 아기를 가지고 싶어도 가질 수 없는 경우가 있어요. 이런 부모를 위해 의사들은 '시험관 시술'이라는 방법을 고안했지요. 엄마의 난자와 아빠의 정자를 시험관에서 수정한 다음, 수정란을 다시 엄마 배 속에 주입해 태아에서 아기로 자랄 수 있게 키우는 것이지요. 이 방법으로 태어난 아기를 흔히 '시험관 아기'라고 불러요.

신나는공학자 01
머리부터 발끝까지 뚝딱뚝딱 인체 공학

1판 1쇄 인쇄 | 2022. 12. 7.
1판 1쇄 발행 | 2022. 12. 21.

플로랑스 피노 글 | 아르노 나바슈 그림 | 이세진 옮김

발행처 김영사 | **발행인** 고세규 | **편집** 김유영 | **디자인** 윤소라 | **마케팅** 서영호 | **홍보** 박은경 조은우
등록번호 제 406-2003-036호 | **등록일자** 1979. 5. 17. | **주소** 경기도 파주시 문발로 197(우10881)
전화 마케팅부 031-955-3100 | 편집부 031-955-3113~20 | 팩스 031-955-3111

값은 표지에 있습니다.
ISBN 978-89-349-6605-0 (74500)
ISBN 978-89-349-8240-1 (세트)

좋은 독자가 좋은 책을 만듭니다. 김영사는 독자 여러분의 의견에 항상 귀 기울이고 있습니다.
전자우편 book@gimmyoung.com | 홈페이지 www.gimmyoungjr.com

어린이제품 안전특별법에 의한 표시사항
제품명 도서 제조년월일 2022년 12월 21일 제조사명 김영사 주소 10881 경기도 파주시 문발로 197
전화번호 031-955-3100 제조국명 대한민국 ⚠ 주의 책 모서리에 찍히거나 책장에 베이지 않게 조심하세요.